中国文化知识读本

Zhongguo Wenhua
Zhishi Duben

大足石刻

主编 金开诚

编著 陈长文

吉林出版集团有限责任公司

吉林文史出版社

图书在版编目（CIP）数据

大足石刻 / 陈长文编著 .—长春：吉林出版集团
有限责任公司：吉林文史出版社，2009.12（2022.1 重印）
（中国文化知识读本）
ISBN 978-7-5463-1990-2

Ⅰ.①大…　Ⅱ.①陈…　Ⅲ.①大足石窟－石刻－简介
Ⅳ.① K879.27

中国版本图书馆 CIP 数据核字（2009）第 237262 号

大足石刻

DAZU SHIKE

主编/ 金开诚 编著/陈长文

责任编辑/曹恒　于涉 责任校对/樊庆辉

装帧设计/曹恒 摄影/姜山 图片整理/董昕瑜

出版发行/吉林文史出版社 吉林出版集团有限责任公司

地址/长春市人民大街4646号 邮编/130021

电话/0431-86037503 传真/0431-86037589

印刷/三河市金兆印刷装订有限公司

版次/2009年12月第1版 2022年1月第4次印刷

开本/650mm×960mm 1/16

印张/8 字数/30千

书号/ISBN 978-7-5463-1990-2

定价/34.80元

关于《中国文化知识读本》

　　文化是一种社会现象，是人类物质文明和精神文明有机融合的产物；同时又是一种历史现象，是社会的历史沉积。当今世界，随着经济全球化进程的加快，人们也越来越重视本民族的文化。我们只有加强对本民族文化的继承和创新，才能更好地弘扬民族精神，增强民族凝聚力。历史经验告诉我们，任何一个民族要想屹立于世界民族之林，必须具有自尊、自信、自强的民族意识。文化是维系一个民族生存和发展的强大动力。一个民族的存在依赖文化，文化的解体就是一个民族的消亡。

　　随着我国综合国力的日益强大，广大民众对重塑民族自尊心和自豪感的愿望日益迫切。作为民族大家庭中的一员，将源远流长、博大精深的中国文化继承并传播给广大群众，特别是青年一代，是我们出版人义不容辞的责任。

　　《中国文化知识读本》是由吉林出版集团有限责任公司和吉林文史出版社组织国内知名专家学者编写的一套旨在传播中华五千年优秀传统文化，提高全民文化修养的大型知识读本。该书在深入挖掘和整理中华优秀传统文化成果的同时，结合社会发展，注入了时代精神。书中优美生动的文字、简明通俗的语言、图文并茂的形式，把中国文化中的物态文化、制度文化、行为文化、精神文化等知识要点全面展示给读者。点点滴滴的文化知识仿佛繁星，组成了灿烂辉煌的中国文化的天穹。

　　希望本书能为弘扬中华五千年优秀传统文化、增强各民族团结、构建社会主义和谐社会尽一份绵薄之力，也坚信我们的中华民族一定能够早日实现伟大复兴！

目录

一、大足石刻的成因及历史

大足石刻是唐末、宋初的宗教摩崖石刻

重庆市大足县历史悠久，始建于唐乾元元年（758 年），位于四川盆地东南，西距成都 257 千米，东距重庆 83 千米，以"大丰大足"而得名，是驰名中外的"石刻之乡""五金之乡"，人文景观、旅游资源非常丰富。

大足石刻是大足县境内主要表现为摩崖造像的石窟艺术的总称，是中国石窟艺术的一个重要组成部分，包括石刻造像 75 处，总计 10 万余尊，共有 87 类题材，石刻铭文 10 万余字。"横融儒、释、道，纵贯千余载"，"凡佛典所载，无不备列"，在艺术上神的人化与人的神化也达到了高度统一。其中，以宝顶山、北山的规模最大、刻像最集中、造型最精美，被誉为"唐宋石刻艺术圣殿"，成为中国晚期石窟艺术的优秀代表作品。

如今，大足石刻包括全国重点文物保护单位5处，即北山石刻（包括北塔）、宝顶山石刻、南山石刻、石门山石刻和石篆山石刻，也称"五山石刻"，是世界文化遗产，也是大足石刻中最具规模、最有价值、艺术最精美的石刻造像代表；重庆市文物保护单位有4处，即尖山子石刻、舒成岩石刻、妙高山石刻、千佛岩石刻；大足县文物保护单位有66处，有西山石刻、圣水寺石刻、三教寺石刻、青山院石刻、老君洞石刻、舒成岩石刻、七拱桥石刻、普和寺石刻、陈家岩石刻等。

大足石刻是中国著名的古代石刻精品之一

大足石刻的成因及历史

大足石刻纵贯千余载，造像精美，完好率高，它展示了在中国南方唐末、五代、宋的宗教信仰及造像风格的演变和发展。大足石刻是中国石窟艺术宝库中一颗璀璨的明珠，与云冈、龙门鼎足而三，齐名敦煌，共同构成了一部完整的中国石窟艺术史。它集中国石窟艺术之大成，把中国石窟艺术推上了一个新的高峰；它是一件伟大的艺术杰作，对中国石窟艺术的创新发展有重要贡献，是石窟艺术生活化的典范，为中国佛教密宗史增添了新的一页，并且生动地反映了中国民间宗教信仰的重大发展变化。正因如此，1999 年 12 月 1 日大足石刻被联合国教科文组织作为文化遗产列入《世界遗产名录》。2007 年 5 月 8 日，大足石刻景区经国家旅游局正式批准为国家 5A 级旅游景区。

（一）大足石刻成因

大足石刻之崛起，有其外部条件和内部因素，主要与"安史之乱"后中国社会政治经济重心不断南移有关，同时也与该地区的自然环境、文化环境和人文环境有很大关系。

"安史之乱"后，中原地区生产力衰退，

大足石刻以佛教题材为主

大足石刻

经济凋敝，全国政治经济重心开始南移。这一时期，巴蜀地区免遭战乱之苦，相对安定，逐渐成为经济繁荣的地区。经济的发展为文化、艺术、宗教的发展提供了良好的社会环境。

大足石刻具有很高的历史、科学和艺术价值

大足地处巴蜀地缘文化交汇之处，从9世纪末至13世纪中叶，大足无大的战争，又风调雨顺，农业、手工业、商业繁荣昌盛，从而为大足石刻造像的崛起奠定了坚实的经济文化基础。

在当时的最高统治者中，除唐武宗、周世宗、宋徽宗外，都不同程度崇佛，佛僧们受到极高礼遇。从而使佛教之风日益兴盛，影响日大，与佛教相关的石窟造像迅猛发展。

与北方中原不同，蜀中由于政局相对稳定，加之玄宗、熹宗两度入蜀避难，带来了大批经像和僧尼，使四川佛教有了较大发展。更为重要的是，前、后蜀王都极端崇佛，影响波及两宋。大足石刻以佛教题材为主，其内容主要是为宣传佛教服务，雕凿依据佛教的教理、教义、教规、戒律等等，同时兼具巴蜀地方特色，充分表现在它的时代性、民族性和地域性上面。

大足石刻规模宏大，刻艺精湛

上有所好，下必甚焉，各地方官吏投君所好亦带头凿造佛像。晚唐至宋有当地长官韦君靖、任宗易等的提倡、组织以及外地官员冯揖等捐资造像，有僧人赵智凤以一代宗师之坚毅营造宝顶山道场，等等，使大足石刻得以延续建造，渐具规模，走向顶峰。大足县的北山和宝顶山摩崖造像，反映了晚唐、五代到南宋时期石窟艺术的迅速发展。

（二）大足石刻的历史

根据大足石刻的龛窟型制、创作题材、使用技法和区域分布等，结合有关碑文及文献资料，可知大足石刻最初开凿于初唐永徽年间（650年），兴于晚唐、五代（907—959年），盛于两宋（960—1278年），余绪延于明、清（14—20世纪），经六个朝代，约1300年。

1. 初唐时期

现存大足石刻作品中，最早的为唐高宗永徽和乾封年间的宝山乡尖山子摩崖造像和宝山建廊村造像，共10龛80多尊造像，距今已有1350多年，其后200多年间仅新开凿圣水寺摩崖造像一处。直到885年昌州迁治大足后，摩崖造像方渐大兴。

大足石刻的内容丰富，具有鲜明的民族特色

大足石刻的成因及历史

唐景福元年（892年），昌州刺史，充昌、普、渝、合四州都指挥，静南军节度使韦君靖，在县城北龙岗山（今北山）营建"粮贮十年，兵屯数万"的永昌寨的同时，首先在北山凿造佛像。此后，州、县官吏和当地士绅、平民、僧尼等相继效法。这一时期的石刻虽然数量有限，水平亦不高，但肇始了大足石刻的开端。

2. 晚唐、五代时期

907—965年间五代十国时期，巴蜀地区为蜀国，史称前蜀、后蜀，此间营造佛像不断，形成大足石刻史上第一个造像高潮。晚唐时期的作品，写实风格渐趋加强。佛龛华丽，佛与菩萨像脸颊丰润，衣

大足石刻被国内外誉为神奇的东方艺术明珠

大足石刻

衫轻薄，肌肤圆润，体态丰满。五代时期作品，内容相对单一，龛窟规模较为浅小，充分体现了时代和地域的特点。

这一时期，战争频繁，社会动荡，前蜀、后蜀交替虽也经历了数场战乱，但较之中原来说，巴蜀境内大致安定，相对富庶，故民间还能继续建龛。此时佛龛造像内容多是救苦救难、解怨解劫的阿弥陀佛、观音、地藏、药师佛等，反映了当时社会经济的相对贫穷及人们盼望得到太平和安康的普遍心理。正是因为如此，大部分作品雕刻简单，浮饰较少。

形象丰腴、线条简洁
的佛像

3. 两宋时期

这一时期为大足石刻造像史上的巅峰时期，出现了数量巨大、艺术水准相当高超的杰作，极度繁荣，是同时期全国石窟艺术的代表作。

北宋乾德至熙宁年间（965—1077年），摩崖造像停滞，至今全县未发现一龛当时的纪年造像。北宋后期的元丰至南宋初期的绍兴、乾道年间（1078—1173年），大足石刻造像掀起第二个高潮。自1082年大庄园主严逊舍地开凿石篆山释、道、儒三教造像区起，县境内摩崖造像此起彼伏，

手持宝塔、神态安详的佛像

先后开凿出佛教、道教和儒教"三教"造像区32处。南山、石门山造像区和北山多宝塔均于此间建成。始凿于892年的北山造像区，历时250多年，至南宋绍兴十六年（1146年）建成。

南宋淳熙至淳祐年间（1174—1252年），时称"六代祖师传密印"的大足僧人赵智凤，承持晚唐川西柳本尊创立的佛教密宗教派，于宝顶山传教。他以弘扬佛法为主旨，清苦七十余年，四方募化凿造佛像近万尊，建成了中国佛教密宗史上唯有的一座大型石窟道场，使大足石刻造像达到鼎盛。其间县境其他处造像基本停滞。四方道俗云集赵智凤座下，石刻高手聚集宝顶山竞技献艺，宝顶山成为中国佛教密宗成都瑜伽派的中心地。

4. 明、清时期

南宋晚期，蒙军进攻四川的过程中，大足遭受极度摧残，出现了"狄难以来……存者转徙，仕者退缩"的形势。这时宝顶造像被迫中止，至元代州县俱废，石刻造像从此衰落。

明永乐年间，摩崖造像方渐复苏，一直延及晚清。这一时期共有摩崖造像39

大足石刻在我国古代石窟艺术史上具有举足 轻重的地位

处，其中虽不乏佳品，但是多为小型造像区，造像数量也不足今大足石刻造像总数的 20%。就艺术造诣而言，已经日落西山大不如前了。

"五山"摩崖造像建成后，除世俗装绚、培修外，未遭受大的人为和自然灾害的破坏。直到 19 世纪末至 20 世纪初，当地民众才在造像区旁增刻观音、山神、天公地母等少数几个小龛，因此，大足石刻现基本上保持了唐、宋时期造像的规模和风貌。

二、大足石刻的特点及传说

大足石刻题材多样，内容
丰富

（一）艺术特点

1. 造像题材和内容极为丰富

大足石刻题材多样，集中国佛教、道教、儒家"三教"造像艺术的精华，有别于前期石窟。三教在同一时期同一地点和平共处，在教派关系上也不像唐以前那样以互相斗争为主，而是转为互相融合。此时的三教在各自的造像中也掺杂了外教的思想，同时各教派内部的不同宗派更是相互融合，其背景在造像中皆有反映。此外，大足石刻中也有很多关于现实的生活细节的雕刻，如石篆山的《鲁班出工图》等。由此可见，大足石刻是多种宗教、多个派系、多种思想下的造像，内容自然是丰富多彩的。

2. 构思布局巧妙

大足石刻依山而凿，将石刻与周围的一山一水紧密结合，因地制宜，借景发挥，山峦溪泉均在艺术家的构思之中，融为一体。这是自然美与艺术美相结合的结果，因此这里的石刻都比较有创意，构图布局与其他地方造像不同。这是我国雕塑史上一次统一指挥总体设计，分工合作的大型集体创作，从内容到形式都有新的发展。

同时，由于提前规划，图纸在大足石刻中至为重要，反映在造像作品中，可见雕塑和绘画的关系在大足石刻中得到了很好的结合。

3. 雕刻图文并茂

佛教发展至唐朝，佛经变文得到极大范围和数量的流传，这是佛教的新发展，也是与儒道斗争的需要和进一步宣传教义的手段。变文从文学角度与绘画角度的变相图互为补充，把佛教在更大意义的信众的认识中的形象和其理想信仰对象进行融合。造像在早期只是参考变文，或是造像旁雕刻变文，但是发展到后期两者便相互

佛像的雕刻细腻精致，造型栩栩如生

大足石刻的特点及传说

大足石刻体现了古代独特的审美情趣

融合了。例如把图文结合在一起的宝顶摩崖石刻，在石窟艺术中是很少见的，通俗的立体绘画（浮雕）和易懂的文辞说明成为大足石刻艺术的又一特征。同时，这一特征也可以看做是"信仰性佛教"对佛教艺术史的贡献，即民众的要求在左右宗教造像的发展。正是由于信众范围的扩大并泛化以及整体文化水平的提高，文字在大足石刻中较多，同时也和图像结合得较为紧密。

4. 生活气息浓郁

作为宗教艺术的大足石刻，其中文人的、市井（民间）的、宫廷的色彩均很浓烈，在多元结合、多向交融中，自有其绝妙的处理。从宝顶山石壁上的佛和菩萨以至鬼神中，人们不仅可以看到社会生活和人情世态，还能直接了解到宋代社会家庭和人物风貌，整体造像流露出浓郁的生活气息。例如《牧牛图》中牧童和牛的各种动态情节十分质朴生动，牧童性格天真活泼，浓郁的生活气息在表现教义方面却并不逊色。大足造像的主体佛教造像反映的多是伪经或中国僧人著述的内容，因为从理论依据上已经是来源于现实生活，在造像中艺术家又结合自身的生活经历创作，那么生活气息在大足石刻中得到充分反映就是宗教艺术发展的必然了。

富有浓厚生活气息的石刻——《牧牛图》

5. 风格技法多样

由于大足石刻延续时间比较长，即使同一时期的艺术家也并非来自同一个地方，因此同一个地方石刻的内容和风格都是不一样的。就大足石刻整体而言，其丰富性更是不言而喻的。例如北山的心神车窟和宝顶的圆觉洞，前者简洁，无背景，刀法刚劲，阴线较多；后者富丽，运用粗犷的写意山水风格作为背景，衬托细致柔美的菩萨，刀法圆润，追求质感，近乎泥塑效果。

单从北山的造像，我们又可以看出大足的风格发展，唐朝的面形丰润，俏丽庄严，气质雄浑，薄衣服饰；后蜀的小巧玲珑，童颜丰肌，衣饰浅刻，仪容俊美，璎珞成串；宋代的继承唐代风格，又有新发展，浮雕衣饰，璎珞飘带复杂细致；明清的粗犷近俗。

（二）艺术价值

大足石刻在吸收、融合前期石窟艺术精华的基础上，于题材选择、艺术形式、造型技巧、审美情趣诸方面都较之前代有所突破，不仅体现了中华民族自身的审美意识，更具有巴蜀文化的地域特色；既有雄浑的阳刚之气，又有世俗情趣的婉约之

大足石刻的想象力丰富，有着极高的艺术价值

大足石刻

美。大足石刻是世俗生活的画卷，是古代社会的缩影。大足石刻是一部古典大百科全书，在宗教、文学、艺术、历史、哲学、科学、建筑、民俗等诸多领域，都具有极高的价值，它是佛教文化与中国传统文化相融合的杰作。

1. 艺术的殿堂

以北山、宝顶山、南山、石篆山、石门山石刻为代表的大足石刻，规模宏大，刻艺精湛，内容丰富，保存完整，堪称是一项伟大的艺术杰作，其中北山造像依岩而建，龛窟密如蜂房，被誉为"唐宋石窟艺术陈列馆"。大足石刻在雕刻技术方面，人物形象重视解剖比例，衣饰器具质感强

大足石刻宛如一幅生动的历史画卷

大足石刻的特点及传说

烈，刀法洗练，线条流畅、细腻精巧、浑然天成，兼具雕塑与绘画之妙，达到了内容与形式的高度统一，具有东方民族所特有的文雅、娴静、内秀美的特征。

造像既追求形式美，又注重内容的准确表达。其所显示的故事内容和宗教、生活哲理对世人能晓之以理，动之以情，诱之以福乐，威之以祸苦，涵盖了博大的社会思想，令人省度人生，百看不厌。南山、石篆山、石门山摩崖造像精雕细琢，是中国石窟艺术群中不可多得的释、道、儒"三教"造像的珍品。

2．石窟艺术的里程碑

大足石刻在唐代雕塑已取得重大成就的基础上，又把我国雕塑艺术发展到一个日臻完美的成熟时期，从而改变了以前石窟艺术史上已经形成的"唐盛宋衰"的结论。

大足石刻注重雕塑艺术自身的审美规律和形式规律，是洞窟造像向摩崖造像方向发展的佳例。在立体造型的技法上，运用写实与夸张互补的手法，摹难显之状，传难达之情，对不同的人物赋予不同的性格特征，务求传神写心。强调善恶、美丑

大足石刻既注重形式美，又注重内容的表达

大足石刻

的强烈对比，表现的内容贴近生活，文字通俗，达意简赅，既有很强的艺术感染力，又有着极大的社会教化作用。在选材上，既源于经典，而又不拘泥于经典，具有极大的包容性和创造性，处处反映出世俗信仰惩恶扬善、调伏心意和规范行为的义理要求。在布局上，是艺术、宗教、科学、自然的巧妙结合；在审美上，融神秘、自然、典雅三者于一体，充分体现了中国传统文化重鉴戒的审美要求；在表现上，突破了一些宗教雕塑的旧有形式，有了创造性的发展，神像人化，人神合一，极富中国特色。

例如大佛湾第 29 号窟圆觉洞的设计者为了避免窟顶的滴水对洞窟造成破坏，巧妙设计融合环境学、美学，利用水的特

大足石刻反映了中国传统的审美思想

点设计了洞窟的排水设施。叮咚滴水经过壁上雕刻的龙的脊背，滴入猴子托的钵盂，从而流入暗沟，其巧妙与长信宫灯的设计有异曲同工之处。洞窟的采光利用洞口上方所开的天窗，使洞内显得明暗相映、朦胧神秘。

总之，大足石刻在诸多方面都开创了石窟艺术的新形式，成为具有中国风格和中国传统文化内涵，以及体现中国传统审美思想和审美情趣的石窟艺术的典范。同时，作为中国石窟艺术发展、变化的一个转折点，大足石刻所出现的许多有异于前期的新因素又极大地影响了后世。

3. 石窟艺术生活化的典范

大足石刻是石窟艺术生活化的典范，特色独具，国内第一，国外无比，堪称古今中外人类社会的缩影，具有前期各代石窟不可替代的历史、艺术、科学和鉴赏价值。

大足石刻在内容取舍和表现手法方面，都力求与世俗生活及审美情趣紧密结合。其人物形象文静温和，衣饰华丽，身少裸露；形体上力求美而不妖，丽而不娇。造像中，无论是佛、菩萨，还是罗汉、金刚，以及各种侍者像，都颇似现实中各类人物的真实写照。特别是宝顶山摩崖造像所反映的社会生活情景之广泛，几乎应有尽有，颇似12—13世纪中叶间（宋代）的一座民间风俗画廊。无论王公大臣、官绅士庶、渔樵耕读，各类人物皆栩栩如生，呼之欲出。

大足石刻以其浓厚的世俗信仰，淳朴的生活气息，在石窟艺术中独树一帜，把石窟艺术生活化推到了空前的境地。这些石刻，把儒、释、道三家的教义阐释得生动有趣，中国的传统文化伦理道德，以生活的场景，被刻在石上，成为一部通俗立

反映生活情景的人物造像

大足石刻的特点及传说

体的教科书。

4. 认识历史的鲜活史料

大足石刻作为中国民间宗教信仰的产物，便是其重要实物例证。大足石刻不仅有规模巨大的佛教造像和体系完整的道教造像，还有石窟造像中罕见的纯儒家造像，而且"三教""两教"合一的雕刻也很多。大足石刻的这种文化现象作为实物例证，反映出在中国文化史上儒、释、道三家长期以来既斗争又融合，到宋代时"孔、老、释迦皆至圣"，"惩恶助善，同归于治，三教皆可通行"的"三教合流"思想占主导地位的局面已经巩固，世俗信仰对于"三教"的宗教界线已日渐淡漠。

大足宋刻中有几处道教、儒家石窟和

大足石刻仿佛是一部立体的历史教科书

大足石刻

多处"三教造像"，这又是研究道教史、儒家史和"三教"关系不可多得的资料。大足石刻的思想背景与艺术本身之间的关系为我们更准确地了解真正的历史提供了珍贵的佐证。

大足石刻以佛教造像为主，兼有儒、道造像

总之，论规模之大、造诣之精、内容之丰富、艺术之精美，大足石刻都堪称是一项伟大的艺术杰作。大足石刻既是中国石窟艺术重要的组成部分，也是 9 世纪末至 13 世纪中叶世界石窟艺术中最为壮丽辉煌的一页。

（三）大足石刻相关故事与传说

1. 九龙浴太子

净饭王之妻摩耶夫人身怀有孕，出游

大足石刻反映了古代百姓的日常生活

兰毗尼园中，手攀树枝，太子悉达多从其右腋下降生。太子降生即能行走七步，步步生莲，并一手指天，一手指地说："天上地下，唯我独尊。"时有九条神龙飞至太子头顶，口吐香水，为太子洗浴，诸天护俱来守护。

此故事见于宝顶大佛湾第 12 号龛。刻太子裸坐于浴盆中，顶上石雕九龙，正中巨龙口吐泉水淋浴太子。此系匠师巧妙地利用自然形势，疏导岩上堰塘之水，结合佛经故事而创造的一组石雕，龙口潺潺流水，终年不竭，给人以新奇之感。

2. 涅槃升天

佛年高八十，自知不久人世，于是起程回拘尸那城准备升天。走至半途，于娑罗树间涅槃。众弟子悲痛呼号，有人引火自焚，王公百姓呼天抢地。大弟子迦叶远来后至，以头碰棺。佛感到不忍心，起而为众人留下最后脚迹于无恼害国。并说他此去，其母摩耶夫人携诸天女来迎。为止从人悲恸，以法力划地为波涛汹涌的大河阻隔大众，遂安详寂灭。

此故事见于宝顶大佛湾第 11 号涅槃像，已不见弟子等悲号之情，刻众弟子礼

大足石刻每年都吸引大量的游人前来观光

佛默衰送行，上有其母率天女来迎。气势宏大，肃穆神秘，突出了涅槃是到另一个理想境界的佛教教义。

3．宝顶千手观音的来历

古时候妙庄王有三位美丽的公主。长女妙金，二女妙银，最小的叫妙善。妙金、妙银都在家里尽心侍候父母，唯有妙善从小虔诚信佛，出家当了尼姑。妙庄王苦苦劝她回宫，但她始终不肯。妙庄王一怒之下，拆了庙宇，赶走了和尚。可哪曾想到，这下惊动了天神。天神怪罪下来，使妙庄王全身长了五百个大脓疮。妙庄王四处求医，均无法治愈。后来，有位医生说此病

千手观音

大足石刻

必须要亲骨肉的一手一眼和药才能治好。他没有办法，只好求助于妙金、妙银，但二位公主皆不愿献出。三公主妙善在外知道后，毅然献出一手一眼，为父亲和药治病。果然，妙庄王的病体不久就康复了。妙善公主大愿大德的孝行，不仅教育了妙庄王，而且，释迦牟尼知道后亦深为感动。为了让妙善公主能时时拯救苦难众生，释迦牟尼便赏赐了她千手千眼。从此，妙善公主便成了众所祈求的千手千眼观音菩萨了。

千手观音

4．送子娘娘

古印度王舍城外有位美丽动人的牧牛姑娘，天资聪颖，能歌善舞。当为庆祝独觉佛出世而举行盛大集会时，赴会的五百人明知牧牛女已身怀有孕，却偏偏强迫她起舞。致使胎儿坠地而死，牧牛女被丈夫遗弃。她满怀悲痛，发誓在来世一定要吃尽城中婴儿，遂自杀身亡。不久牧牛女变成了妖怪，与魔鬼半子迦结了婚，后有了五百个儿子。可她不忘誓言，每天定要去吃别人家的小孩，弄得王舍城内一片惊慌。此事惊动了释迦牟尼，赶去劝她，但她根本听不进去，不愿改恶从善。释迦牟尼见

面目慈祥的千手观音像

劝化不成，心生一计。趁牧牛女外出之机，将她五百个儿子中最心爱的一个藏了起来。牧牛女回到家中，发现爱子不见了，悲痛欲绝。此时，释迦牟尼出现在她面前，对她说："你有五百个孩子，仅失一子，就如此痛苦，你每天去吃别人家的孩子，他们的父母就不痛心吗？"说完飘然而去。牧牛女听后，将心比心，从此，便皈依佛门，改恶从善，不仅不再食小孩，还成了保护小孩的"诃利帝母"，群众俗称她为"送子娘娘"。

三、大足石刻典型代表

佛湾外景

龙岗山

（一）北山石刻

1. 简介

北山，又名龙岗山，北山石刻位于大足县城西北 2 千米处的北山之巅，海拔545.5 米。唐代昭宗景福元年（892 年），昌州（今大足县）节度史韦君靖在北山修建储粮屯兵的永昌寨，同时开始凿造佛像。经五代、两宋，相继在佛湾、营盘坡、观音坡、北塔寺、佛耳岩等处造像。至南宋绍兴年间（1131—1162 年）结束，历时200 多年。

该窟造像秀美，雕刻精细，力学光学

大足石刻

北山佛像

构思巧妙周密，整体安排和谐，对比强烈，以恬静的面部反映其内心的宁静，以玲珑的衣冠显示其身份的高贵；以线造型，线面并重，富有中国民族特色。璎珞蔽体，飘带满身，花簇珠串，玲珑剔透，装饰味浓，且多保存完好，宛如新刻，被公认为是"中国石窟艺术皇冠上的一颗明珠"。这些造像的形象、姿态、性格、神情以至衣褶、饰物等，皆耐人寻味；组合变化丰富，刻工精美，步步移，面面观，出人意料的意境层出不穷。

北山石刻以佛湾造像最为集中，在长300多米、高7米的崖壁上，有碑碣6通，

大足石刻注重雕塑艺术
自身的审美规律和形式
规律

题记和造像铭记55则，经幢8座，阴刻《文殊师利问疾图》一幅，石刻造像264龛窟。佛湾石刻分南北两个区域，南区大多是晚唐、五代作品，北区大多为两宋时期作品。

佛湾佛像雕刻精细，体态俊逸，风格独特，以艺精技绝、精美典雅而著称于世。"心神车窟"中的"普贤菩萨"造像精美，被誉为"东方维纳斯"；"数珠手观音""日月观音"都显示出古代工匠相当高超的技艺；"地藏变像"则又大刀阔斧地表现，独具一格；"转轮经藏窟"被称为"石雕宫阙"。"韦君靖碑""蔡京碑""古文孝经碑"为世所独存，既是书法珍品，又可补史料之遗缺，价值极高。

2. 建造简史

北山摩崖造像近万尊，主要为世俗祈佛出资雕刻。现存雕刻 4600 多尊，造像题材共 51 种，以当时流行的佛教人物故事为主，约占总数的二分之一以上，其次有三阶教、净土宗等。这些造像题材都是在当时民间极为流行的，是佛教世俗化的产物，异于中国早期石窟。

晚唐造像题材有 12 种类型，以观音、地藏合龛和阿弥陀佛胁侍观音、地藏居多。造像端庄丰满，气质浑厚，衣纹细密，薄衣贴体，衣饰简朴，线条流畅，具有盛唐遗风。第 5 号毗沙门天王龛、第 9 号千手观音龛、第 10 号释迦牟尼佛龛、第 51 号三世佛龛、第 52 号阿弥陀佛龛等都是其代表作品。尤其是第 245 号观无量寿佛经变相内容丰富，层次分明，刻"西方三圣""三品九生""未生怨""十六观"及伎乐天人、楼台亭阁等；人物造像 539 身，各种器物 460 余件，保存了多方面的形象史料，在中国石窟同类题材造像中首屈一指。

五代造像占北山造像的三分之一以上，有着承上启下的重要作用。造像题材有 18 种，出现了药师经变、陀罗尼经幢

日月观音

大足石刻典型代表

转轮经藏窟

等新内容。其艺术特点是小巧玲珑，体态多变，神情潇洒，纹饰渐趋繁丽，呈现出由唐至宋的过渡风格。如第 53 号的佛、菩萨像，多彩多姿，衣着服饰由简到繁，既有唐代雕刻的丰满古朴，又具宋代造像的修长身躯。第 273 号的千手观音及其侍者、第 281 号的东方药师净土变相等，薄衣贴体颇具唐风，仪容秀丽又似宋刻。

宋代造像题材广泛，多达 21 种，以观音最为突出，被誉为"中国观音造像的陈列馆"。观音的造像，一般都端庄肃穆。但这里的观音，却典雅秀丽，表情丰富，显得亲切可爱，更加贴近生活，艺术力量已经突破了宗教的规范，体现了宋代的审美情趣。造像具有人物个性鲜明、体态优美、比例匀称、穿戴艳丽等特点，彰显民族特色。

3. 主要景点

（1）转轮经藏窟

转轮经藏窟是北山石窟中规模最大、最为精美的一窟，建造于南宋绍兴十二年至十六年（1142—1146 年），编为第 136 号，俗称心神车窟。

窟为平顶长方形中心柱窟，坐东朝西。

窟正中凿一巨大八角中心柱，中心柱为转轮经藏，柱础高大，直径 2.61 米，柱上部为 8 根小柱，上各盘一龙，龙柱上顶八角飞檐。柱底部为须弥座，座身中段刻一大蟠龙，座上围一圈栏杆，刻有约 50 个嬉戏的儿童，天真顽皮，活泼可爱。柱上部作八面形高厚顶盖，每面以楼阁宝塔为饰。柱中部镂空环列八柱，支撑于露盘之上，顶盖之下，成八柱亭式法轮形制。此转轮中空透光，圆满地解决了支撑和采光的矛盾，匠心独具。全窟呈对称构图，井然有序，正壁刻一佛、二弟子、二菩萨，左右壁各刻三菩萨，或坐或立、或正或侧，既可独立成龛又使全窟浑然一体。大部分造像至

大足石刻规模宏大，气势磅礴

大足石刻典型代表

右壁普贤菩萨

今保存完好，宛然如新。从内到外，窟左壁为文殊菩萨、宝印观音、如意珠观音；右壁为普贤菩萨、日月观音、数珠手观音。

右壁普贤菩萨，结跏趺坐于莲座，莲座置于白象背上。宝冠以佩玉、珠琏、花草为饰，刻纹婉转流丽。隆鼻、长眼而目光向下，薄唇而嘴角微微后收，泛起一种似笑非笑、欲笑又忍的神情。脸型清秀、圆润，身材修长，上身向前微倾，凝神深思，端庄透温柔，文静含妩媚。有的艺术家认为她集中了东方女性美的特征，可以称为"东方维纳斯"，也可称为东方的美神和爱神。

全窟雕造工艺精美绝伦，巧夺天工。

十三观音变相龛

刀法准确利落，花簇珠串玲珑剔透，观赏者无不叫绝。绕窟细看，有步步移、面面观、色色新之妙。被赞誉为"中国石窟艺术皇冠上的明珠"。

（2）十三观音变相

北山佛湾的观世音菩萨是大足石刻中最集中、最多、最精美的。人们敬仰观音，视观音为"美神"，因此，北山佛湾有"美神荟萃的艺术宫殿"之说。

十三观音变相刻于宋代。窟正中刻圣观音，圣观音左右侧各立六身观音。圣观音是观音的总称。圣观音体魄健壮袒露右肩，上身斜挂一衣带，下着羊肠短裙，左手撑台，右手抚膝，跷腿坐于束腰高方座上，显出男性阳刚之态。身后有圆形背光，顶悬如意宝盖，座前刻两朵仰莲，两侧十二身观音静穆庄严，但在庄严中又透露出几分女性的风韵。

十三观音神态各异，有的双眼平睁似笑，有的皱眉似愁，有的慈容可亲，有的扬眉动目，有的低眉垂目，有的静虑深思，个个皆衣饰华丽，赤足立于圣洁的莲朵之上，好似十三位美女，造像神奇。

（3）数珠手观音

第125号龛的"数珠手观音"是一尊脍炙人口的精品。这尊雕像，俨然一位妙龄少女，形体比例匀称，肌肤线条柔和，

威严端庄的佛像

大足石刻

头戴花冠，发丝垂肩，服饰华丽；头向左侧低俯，目光下视，含颦欲笑；观音右手持珠，左手轻轻地握住右手腕，双手自然下垂交叉于腹前，给人以豁达大度、悠闲自若的感觉。袒胸露臂，衣裙飘拂，颇有静中寓动、"吴带当风"之趣，给人以飘飘欲仙之感。整个神态，天真腼腆，幽思含情，容貌俏丽妩媚，因而被人们称为"媚态观音"。

同时，观音整个身躯笼罩于椭圆背光之中，营造了和谐统一的完美感和图案形式之美。古代雕刻家们以炉火纯青的高超技艺对观音面部进行细腻刻画，达到了出神入化的境地，使观音全然失去菩萨的威严，而是一位动人心魂、充满活力、可亲可敬的飘飘仙子，这样处理，缩短了人和神之间距离。从雕刻技巧看，人体比例正确，动态自然，人体转折部位处理恰到好处，试加一分则长，试减一分则短，无论从哪一个角度欣赏都不失为一个形神兼备的佳作。

（4）北塔

北塔又名多宝塔、报恩塔，为密檐八角砖塔，是全国重点文物保护单位。该塔

数珠手观音

大足石刻典型代表

大足石刻是艺术、宗教、科学、自然的巧妙结合

12 层，高 33 米，内外镶嵌石刻，内作六层可以攀登，是一座密檐式与楼阁式相结合的塔。北塔迄今已历 800 余年，远望近观，雄伟壮观。塔前崖下有 5 米高的多宝佛和释迦佛二佛并坐像。在塔前既观东方日出，又瞰棠城风光，是具有历史、艺术、科学、旅游价值的综合性古建筑。

北塔称报恩塔，这其中还有一个故事。宋绍兴年间建塔时，四川泸南沿边安抚使冯楫幼年丧父离母，寄养于人，成人之后遍寻其母未成。50 岁时在四川为官，庆五十大寿这天遇一瞎眼老太婆乞讨，老太婆思及儿子也是今日满 50 岁，故生悲而哭述；冯楫诧而相问，老太婆不但能说出冯楫籍贯，而且能说出冯楫生下来时是双

胞胎,二子两背相连,以刀剖开,一生一死,生者背上有长长的刀痕。冯辑叩头认母,悲喜交加,并为母亲延医求治,焚香祈祷,跪舔其母双眼,使其母双目复明,重见天日。冯辑认为皇天有眼,决心出资建塔报恩,故此,北塔又名报恩塔。

（5）观无量寿佛经变相

北山佛湾第 245 号观无量寿佛经变相龛开凿于唐末,系根据《观无量寿佛经》雕刻而成,所表现的是西方极乐净土。

龛上部及顶部通过神话般的描述,展现了梦幻般的极乐美景。龛正中刻阿弥陀佛、观音、大势至,三位合称"西方三圣",他们的职能是主宰西方净土,接引众生往生净土。三圣身后,宝盖香花,五彩迸发,

北塔

大足石刻典型代表

精美异常，众生在廊宇之间、筵席之首、扶栏之处或漫游，或观望，或游戏，均以佛为师，以菩萨为友，和睦亲善，呈现出一派"西方净土七重栏，七宝庄严数百般，琉璃作地黄金色，诸台楼阁与天连"的美景。

三圣上方，七宝楼阁巍峨屹立，亭台廊榭错落有致，栅栏曲曲通达下界，左右壁之八功德池池水味甘色美，可以解除人们的饥馑瘟疫。殿、台、廊、栏四周林木茂盛，百花争艳，雀鸟齐鸣，祥云朵朵，诸般乐器，悬于虚空，不鼓自鸣；又有飞天起舞，青鸟翱翔，预示着净土成员整天都生活在音乐舞蹈、鸟语花香之中，除了有优越的物质生活条件外，还具备清新、优雅的环境。

全龛造像布局严谨，构图饱满，人物多达530余尊，小者不盈寸，但刻得栩栩如生。天上人间浑然一体极富神话色彩，表现场景繁多，展示器物丰富，在表现手法方面高雕、浅雕、镂空诸般技法并用；且透视法则正确，层次分明，空间感极强；这些都充分展示了唐代雕刻的高超技艺。同时此作品为研究唐代乐器、建筑、服饰、

大足石刻的创新对后世有着深远的影响

大足石刻

舞蹈等方面提示了重要的形象资料，在同类题材中至今保存完整，尤为珍贵，被誉为"晚唐最为精美的石窟艺术作品"。

（6）孔雀明王窟

孔雀明王窟

孔雀明王又名阿育王，是印度孔雀王朝创始人旃陀罗笈多之孙。他统一了全印度，大力扶植佛教，并立为国教。他在佛教史上具有承前启后的地位，后来佛教徒将其敬为明王菩萨。据佛经载，有一僧名莎底，在砍柴时恰遇大黑蛇，被咬伤大拇指，生命垂危。释迦弟子阿难将之告之佛陀，佛陀建议念诵《大孔雀明王神咒》以除毒。阿难依佛念咒，莎底果然得救。于是以孔雀明王为本尊进行修持的方法，成为密宗最重要的修持方法之一。

在第155号窟中，孔雀昂首挺立，羽尾上张如柱撑接窟顶，背负莲座。孔雀明王服饰华丽，披荷叶形短披肩，胸饰璎珞，身长四臂四手，上托经书、如意，下执扇、孔雀羽毛，盘坐于孔雀背上。孔雀亭亭玉立，嘴向右偏于肩，既增加了生动性，又使孔雀细长的嘴不易断落，可谓匠心独运。孔雀双腿挺立，腿间以乱石山形为像基座，使得整组雕塑细中有粗，韵律别致，也使

毗卢道场

明王位置上升，增添了庄严气氛。

　　窟中三壁为千佛，形体细小，排列整齐密集。佛经说世界经历了庄严劫、贤劫、星宿劫三劫，每劫都有千人成佛，而且各有名号。这些密布的千佛，疏密上和主像形成对比，使窟内的造像气氛热烈而主次分明。

　　（7）摩利支天女

　　摩利支天又称摩利支菩萨，意为"阳焰"，本为古印度之光明女神，后被佛教吸收，成为护法天神。据佛经记载，摩利支天有大神通自在之法，无人能见，无人能知，无人能害，无人欺诳，无人能缚，无人能责罚，亦不畏怨家，等等。其最大特点是能隐身，所以长期以来尤为武士所尊崇，将其视为守护之神。

第133号龛中摩利支天女三头六臂，正面善相，呈微笑状。顶有宝塔，塔中现毗卢舍那佛，手执剑、戟、弓、盾等兵器，脚踏战车，头戴花冠，俊面秀容，张嘴娇唱发号令，飒爽英姿。前面二象奋力挽辕，两旁侍立八个金刚力士，皆作武士装束，多头多臂，形体夸张，肌肉强健有力，粗犷剽悍，大有扫除魔障澄清寰宇之气概，给人以强烈的视觉冲击和心灵震撼。全龛内容丰富，构思细腻，笔触豪放。

（8）碑刻诗词

北山不仅佛像是精美的，其造像中为数不少的碑刻诗词也极为珍贵。北山石刻中，现存碑碣7道。其中，刻于895年的

摩利支天女龛

保存在北山佛湾上的"韦君靖碑"，是研究大足石刻的珍贵资料，碑高1.8米，宽3米，碑文66行，具有补唐史的重要价值。此外，刻于宋代的赵懿简公神道碑，系宋代四大书法家之一的蔡京所书，为书法艺术之珍品；二十二章古文孝经碑，则被史家称为"寰宇间仅此一刻"，对研究中国历史和书法有很重要的价值。位于北山长廊北段之首的古文孝经碑，全文共有1815字，今尚存1752字，对我们研究先秦文化、思想以及后来中国文化、思想具有极高的价值。此外，还存有题刻、诗词17件，造像记77件，这些对历史地理、

韦君靖碑

大足石刻

宗教信仰、石窟断代分期、历史人物等的
研究皆具有较高价值。

宝顶山石刻

（二）宝顶山石刻

1. 简介

宝顶山位于大足县城龙岗镇东北 15 千
米处，海拔 527.83 米。宝顶山石刻由南宋
号称"第六代祖师传密印"的密宗大师赵
智凤于南宋淳熙至淳祐年间，历时 70 余年，
以大佛湾、小佛湾为中心，经总体构思组
织开凿而成。它长 500 米、造像逾万尊，
气势磅礴，雄伟壮观；变相与变文并举，
图文并茂；布局构图谨严，教义体系完备，
是留存至今的中国唯一的一座佛教密宗石

九龙浴太子

窟寺。

　　宝顶山石刻以圣寿寺为中心，包括大佛湾、小佛湾等 13 处造像群，题材主要以佛教密宗故事人物为主，石刻造像保存完好，规模宏大，雕刻精美，技艺非凡，人物表情丰富、生动；其内容始之以六趣唯心，终之以柳本尊正觉成佛，有教有理，有行有果，系统完备而有特色；表现形式在石窟艺术中独树一帜，万余尊造像题材不重复，龛窟间既有教义上的内在联系，又有形式上的相互衔接，形成一个有机的整体。宝顶山摩崖造像把中国密宗史后延了 400 年左右，为中国佛教密宗史增添了新的一页。

　　大佛湾长约 280 米，崖面长约 500 米，高约 8—25 米。位于圣寿寺左下一个形似"U"字形的山湾，造像刻于东、南、北三面崖壁上，通编为 31 号，依次刻护法神像、六道轮回图、广大宝楼阁、华严三圣、千手观音、佛传故事、释迦涅槃圣迹图、九龙浴太子、孔雀明王经变相、毗卢洞、父母恩重经变相、雷音图、大方便佛报恩经变相、观无量寿佛经变相、六耗图、地狱变相、柳本尊行化图、十大明王、牧牛图、圆觉洞、柳本尊正觉像等。各种雕像达15000多躯，浮雕高大，题材广泛，龛窟衔接，布局严谨，整体感强，气象壮观。设计精巧，无一龛重复。另有记载宝顶山造像由来和佛教密宗史实的碑刻7通，宋太常少卿魏了翁等题记17则，舍利宝塔2座。

小佛湾位于圣寿寺右侧，坐南面北，其主要建筑为一座石砌的坛台，高2.31米、东西宽16.5米、进深7.9米。坛台上用条石砌成石壁、石室，其上遍刻佛、菩萨像，通编为9号。主要有祖师法身经目塔、七佛龛壁、报恩经变洞、殿堂月轮佛龛、十恶罪报图、毗卢庵洞、华严三圣洞、灌顶

地狱变相

大足石刻典型代表

十恶罪报图

井龛等。传说小佛湾即赵智凤所创建的圣寿本尊殿遗址。

2. 特点

(1) 内容丰富、规模宏大

石刻内容前后连贯，山顶有圣寿寺，造像以寺西北山谷中的大佛湾和寺东面的小佛湾为中心，东有龙头山、三元洞、大佛湾，南有广大山、松坡林，西南有三块牌，西有佛祖岩，西北有龙潭，北有对面佛，东北有仁功山等，气势磅礴，用一组组的雕像来连续表达一个或几个不同内容的佛经故事，不仅内容丰富，而且具有浓郁的生活气息，好似一幅镌刻在 500 多米的崖壁上的连环图画，倚天而立，向人们讲述画卷上的故事。前后内容连接，雕像无一雷同，既有田园诗式的"牧牛图"，又有秀美脱俗的"吹笛女"既有庄严浩大的释迦佛祖，又有气势磅礴的千手观音。千手观音1007只手屈伸离合、参差错落，有如流光闪烁的孔雀开屏。这不但是中国千手观音之最，也是世界佛教艺术中一大奇观。

（2）选材周密、教义完备

宝顶山的石刻是经过通盘规划、设计以后，先雕刻出小样，作为蓝图，然后再扩大雕，好像现在盖房子先做模型一样，因而选材布局独具匠心。圆觉洞内的数十尊造像刻工精细，衣衫如丝似绸，台座酷似木雕。洞口上方开一天窗采光，光线直射窟心，使洞内明暗相映，神秘莫测。高大的华严三圣像依崖屹立，身向前倾，成功地避免了透视变形，袈裟绉褶舒展，披肩持肘，直至脚下，支撑手臂，使文殊手中所托数百斤重的石塔历千年而不下坠。

造像还注重阐述哲理，把佛教的基本教义与中国儒家的伦理、理学的心性及道教的学说融为一体，兼收博采，显示了中

释迦牟尼佛龛

国宋代佛学思想的特色。经变相对应配刻经文、偈语、颂词等，是历代藏经未收入的藏外佛教石刻文献，对佛教典籍的研究具有重要学术价值。如在正觉像之右，有一通碑，名为《重修宝顶山寿圣寺碑记》，这是迄今为止所发现的直接反映赵智凤生平事迹的唯一文字资料。此碑为明洪熙元年大足儒学教谕刘畋人所书，它是研究大佛湾石刻造像来历的一块极为重要的史料碑。

(3) 造像生动、匠心独运

宝顶山石刻造像灵动、装饰恰到好处，注意形式美和意境美的统一。例如释迦涅槃像，又称卧佛，只露半身，其构图有"意

释迦涅槃像

大足石刻

到笔伏，画外之画”之妙，给人以藏而不露的美感，这是中国山水画对于有限中见无限这一传统美学思想的成功运用。又如地狱变相龛刻阴森恐怖的十八层地狱；牛头马面狰狞强悍，受罪人呼天号地；尖刀、锯解、油锅、寒冰、沸汤诸般酷刑惨不忍睹，令人触目惊心。另有“六道轮回”“广大宝楼阁”“千手观音”“释迦涅槃圣迹图”“父母恩重经变像”“圆觉道场”“牧牛道场”等，形象逼真，寓意深刻。造像旁还刻有经文、颂词等文字说明，宛如一幅幅图文并茂的连环图画。

"九龙浴太子图"利用崖上的自然山泉，于岩壁上方刻九龙，导泉水至中央龙

地狱变相

大足石刻典型代表

吹笛女

口而出，让涓涓清泉长年不断地洗涤着释迦太子，给造像平添了一派生机，堪称因地制宜的典范。这种地形原本是不适于崖刻的，因为日久天长会把崖壁浸蚀，但是古代石匠巧妙地利用雕刻把水池积水从龙头排走，变不利条件为有利条件，这种匠心独运，不能不使人感到钦佩。

（4）取材生活、构思细腻

宝顶山石刻造像内容和表现手法都力求生活化。如"父母恩重经变相"刻有求子、怀胎、临产以及养育子女的过程，形象生动，感人肺腑。"牧牛图"长达30余米，刻出林泉山涧，云雾缭绕，其间穿插"十牛、十牧"，抒情诗般地再现了牧牛生活。又如横笛独奏的"吹笛女"，酒后昏乱的"父子不识""夫妻不识""兄弟不识""姐妹不识"的"醉酒图"等等，无不活灵活现。

特别值得一提的是，"养鸡女图"中的养鸡女，恬淡娟秀，朴实端庄，头梳高髻，衣着朴素，紧身窄袖，打开鸡笼，已出笼的两只鸡争吃一条蚯蚓，还有小鸡欲出笼。把一个养鸡女的神态，雕刻得那么安祥、镇定，让人有些琢磨不透。这一反映农家日常生活场面的雕像，极为生动亲切，富有生活情趣，将严肃的宗教内容表现得极有人情味。雕刻大师们体验生活之精微，再现生活之准确，令人叹服。总之，这些佛教造像群的世俗化、民族化、生活化特别显著，宛若一处大型的佛教圣地，展现了宋代石刻艺术的精华。

3. 主要景点

(1) 圣寿寺

原称五佛崖，扩建后用现名，其依山构筑，殿宇巍峨，雕饰精美。圣寿寺为南宋大足僧人赵智凤所建，后遭元、明兵燹，明、清两度重修。解放后，圣寿寺被列为全国重点文物保护单位宝顶石刻的附属古建，经多次维修，已恢复本来面目。它以古色古香的样式、巍峨壮丽的气魄，吸引着中外游人。

禅寺现存古建筑群占地面积 5000 平方米，由山门、天王、帝释、大雄、三世佛、观音、维摩七殿和两廊寮房依山而构，分布有致，飞檐门角，气势宏伟。明永乐年间，在该寺南侧修建二十余米高、八角四重檐的"万岁楼"。寺内刻有大佛湾造像雏形，当是大佛湾造像蓝本。殿宇有镂雕彩绘数千幅，形态各异，栩栩如生，典雅

养鸡女

大足石刻典型代表

清丽；殿内圣像庄严令来者杂念顿失，肃然起敬。寺内园林曲径通幽，古木参天，奇花异草触目皆是，四时峥嵘。1504年，僧录完公奉朝命将明孝宗皇帝手画水莲观音像送五台、普陀、宝顶供侍，使三山齐名海内。圣寿寺在明、清时香火鼎盛，现年计香客游人近百万众，每至二月香会，人如潮涌，香如巨薪，史有"上朝峨眉，下朝宝顶"之盛誉。

(2) 壮观的千手观音

千手观音是一个非常壮观的雕像，令人眼花缭乱，心摇目眩。它的"千手"，准确数字是1007只手，传说本来1009只手才是最顶点，由于中国古代把数字分为

千手观音

大足石刻

阳数和阴数，奇数为阳，偶数为阴，而皇帝为"九五之尊"，故雕刻了1007只。这些手如孔雀开屏般从上、左、右三个方向伸出，巧妙地分布在88平方米的崖石上，重重叠叠，扭曲蜿蜒，像四射的火焰，又似无数条金蛇，有种妖异的美，让人情不自禁地被蛊惑，只想磕头和膜拜。每只手都雕得纤美细柔，手里拿着斧头、宝剑、绳索等法器，千姿百态，无一雷同。

在千手观音的每一只手中还有一只眼，她的全名是"千手千眼观世音自在菩萨"。千手表示法力无边，可以拯救众生于危难。千眼表示智慧无穷，可以普观世界，明察秋毫。千手观音造像在中国佛教

造像中比较普遍，但像这样名副其实的立体石刻千手观音却世所罕见。"画人难画手"，要画出一百只不同形状的手都很不容易，更何况在坚硬的岩壁上打刻一千多只，而且手的姿势无一雷同，没有一只手在当时被打坏，这真可谓是鬼斧神工，让人叹为观止。

（3）宝顶卧佛

这是大足石刻中体魄最宏伟的一尊造像，在大佛湾内占据了最显赫的位置。他横卧于佛湾东岩，长达 31 米，为半身像，其造型比例恰当，体形丰圆壮硕。按佛经的说法，它应该叫释迦涅槃圣迹图。涅槃是佛教的最高境界，指修行圆满，从生老病死以及各种欲望忧虑的苦海中解脱出来，进入不生不死、尽善至美的理想境地。

释迦头北脚南，背东面西，右侧而卧。两眼半开半闭，似睡非睡，安祥，平静。真正达到了佛家所言的"尽善至美的理想境地"，在释迦面前从地里涌出 18 弟子，或内向，或外向，或合掌而立，或手捧香花水果，或手持如意，或侧首伫望，皆作悲恸状。表现了弟子对逝者崇敬厚爱而依依眷恋之情。释迦的胸前设有供坛、祭品

释迦涅槃像

和香炉，炉中香烟袅袅，直上青天。在云端之中站着的是释迦牟尼的家眷，经书上说：释迦之母摩耶夫人于兜率天宫闻得释迦涅槃的消息，率众眷属从天而降，持香花水果，游虚空以赞圣德。整龛造像布局严谨，既烘托出佛主涅槃的神圣气氛，又收到了"以小衬大，以竖破横"的艺术效果。这幅图画给人的感觉是肃穆宁静，而没有惊恐慌乱的情景。

安岳的卧佛沟、北京的卧佛寺、敦煌千佛洞、甘肃麦积山、合川千佛岩等处，都有全身卧佛像。唯有宝顶山这尊卧佛是半身像，将下半身隐入石岩之中。这种意到笔不到的手法，有种于有限中产生无限联想的艺术效果。故大足民间对宝顶山卧佛有"身在大足、手摸巴县、脚踏泸州"的说法，给人以无限想象的空间。整龛造像气势宏伟，虚实相间，意境深邃，既符合宗教造型艺术的仪轨，又有一定的新意。

（4）毗卢道场

毗卢道场刻于宝顶大佛湾千手观音像对面崖壁上，编为第14号，为一平顶中心塔柱式洞窟。此窟为毗卢遮那佛为众弟子讲经说法的组雕。

释迦涅槃像的雕刻手法虚实相间，意境深邃

大足石刻

释迦涅槃像气氛神圣庄严

　　窟壁正中以高浮雕的形式刻着一转轮经藏，中间端坐着毗卢遮那佛，他手结最上菩提印，口吐文理之光，密传真言，直入诸佛菩萨之耳。声音本属音响艺术的表现范畴，直觉的造型艺术不好表现，但匠师们却在这里巧妙地用雕刻艺术手段把它表现了出来。在转轮经藏的基座上，匠师们以浅浮雕的形式雕刻出一组弥勒经变故事，两旁刻有"正觉院"和"翅头城"，中列十个人物或坐而讲法，或虔诚跪听，或顶礼膜拜，以精简之笔，描绘出丰富的内容。其人物神情动态的刻画于细微处极见功夫，可堪玩味。

　　窟前右壁主像为两尊坐佛，所戴花冠

石窟内佛像给人以宁静肃穆之感

玲珑剔透，极为精细，面部肌肤细腻，显得静丽温婉。左侧佛像莲座之下，有一供养菩萨面壁而跪，背向观者；右侧佛像莲座之下，立有一天王，体魄健壮，抚剑怒目，俨然宋时武夫。在他们的狮子座下，刻有许多小狮子，这些狮子或匍匐，或倒立，姿态夸张而各不相同，造型活泼奔放。

整窟造像雕刻技法纯熟洗练，人物形态俊美庄严，衣饰富丽堂皇，充分显示出艺术语言的精练和装饰性造型的优美，堪称宋代石刻中的优秀代表。尤其是一些手持宝剑的金刚造像，他们身着铠甲，披巾绕身，趄趄英武，形象地再现了南宋武将们的风采。他们雄健奔放的轮廓线更加强了装饰性的艺术效果，他们的装束，为我们研究南宋武士的着装提供了宝贵的实物例证。

（5）圆觉洞

宝顶大佛湾南岩西边有一个较大的石窟，那就是圆觉洞，为整石开凿，宽敞如室。洞口有作奔突怒吼状的石狮一只，狮子造像在国外多呈自然状态，而在中国，它蕴涵的人的意识和精神方面的东西要多一些。它在佛教中起着使人正心不起邪念的作用，同时也象征佛说法如狮子吼，能威震四方，让众生豁然开朗。夹巷崖面上刻有"宝顶山"三个大字，是南宋理学家、诗人魏了翁的手笔。

圆觉洞深 12 米，宽 9 米，高 6 米，是大佛湾内最大的洞窟造像。在洞壁的两侧俨然整齐地排列着文殊、普贤、普眼等十二位觉行圆满的菩萨。他们在修菩萨行的过程中，遇到许多疑难问题，正轮流跪于佛前请示，佛各别作答。这一问一答记录形成的《大方广圆觉修多罗了义经》便是这窟造像的经典依据。

整个窟内的造像，可称为宝顶石刻艺术之精华。洞内石雕，刻画细腻，造型优美，

圆觉洞口有一只作奔走怒吼状的石狮

大足石刻典型代表

装饰性强。袍袖飘带轻柔婉转，如绢似绸。窟内正壁刻"三身"佛（法身、应身、报身），两侧刻十二圆觉，左右各六尊，下有基座。六个基座相连，形成一个整体。在正面佛坛下，有一张巨大的长方形供案，虽不能移动，却酷似木刻，质感很强，可以乱真；供案下面跪着一尊菩萨，是在地上生了"根"的，低头合掌，恭敬虔诚，乞请佛祖说法。左右壁为十二圆觉菩萨，跌坐莲台，妙丽庄严，姿态不一。壁间刻楼台亭阁，人物鸟兽，花草树木，幽泉怪石，近似写实作品，是大佛湾雕刻的精华。

菩萨们头戴的花冠精巧玲珑，大都

大足石刻将天道神仙和世俗生活融合在一起加以表现

大足石刻

为镂空雕刻，她们身挂的璎珞细珠，历经八百多年仍然粒粒可数；她们身上的袈裟舒展柔和，如行云流水一般搭在座台上，极富丝绸的质感，就像微风徐来，亦会"满壁风动"一样。这里的造像从形象到神韵、到意境都被表达得细腻而准确。十二位菩萨个个端庄典雅，风姿飘逸。她们柔和的目光，微微后收的嘴角以及弥漫于脸部那洞察一切的浅浅微笑，无不透露出她们内心的恬静优雅，显示出她们超凡绝尘的气质。她们脸部的肌肉丰满细腻，具有童颜肌肤的质感，就好似在细润的肌肤下有血液在缓缓流动一般。她们的轻纱薄裙、璎

圆觉洞观音像

大足石刻典型代表

父母恩重经变相之一"哺育不尽恩"

珞飘带都随着身体的起伏转折而微妙地变化，她们整个形体结构所表现出的那种优美的韵律感令人陶醉，可以毫不夸张地说，整个圆觉洞就是一件镂空的艺术品。

(6) 父母恩重经变相

在宝顶石刻中编为15号，全龛造像可分为三层，上层刻七佛，皆半身，着褒衣博带式袈裟，容貌相似，下层主要为变文说明。

中层以浮雕的形式，把父母含辛茹苦养育儿女的过程，从怀孕、临产、哺乳到儿女长大成人、婚嫁、离别等，分别用十一组雕像来表现。全龛造像的内容以中间一对夫妇"投佛祈求嗣息"拉开序幕，左右各展开五组雕像，每一组表现一个主题，分别展现父母的各种恩德：怀胎守护恩、临产受苦恩、生子忘忧恩、咽苦吐甘恩、推干就湿恩、哺育不尽恩、洗濯不尽恩、伪造恶业恩、远行忆念恩、究竟怜悯恩。人物形象和思想感情都刻画得相当生动、细腻，并都刻有文字说明。据说，其中穿着开裆裤、摸着妈妈奶头吃奶的孩子的形象，就是迄今为止世界上穿开裆裤的唯一石刻记录。

游人观看这里的石刻，仿佛在欣赏古代的连环图画。艺术大师们在这里把父母养育儿女的辛劳过程以写意的雕刻手法，跃然传神于石壁之上，将世间养育儿女的繁琐生活细节提炼为父母对子女的十大恩德，并且每一幅画展现的都是人们所熟悉的生活情节，使人们在观赏艺术的过程中回忆生活，在回忆中更加深刻地体会、品味和认识生活，同时也使人们的情感和意志在观赏中得到理性的升华。

（7）华严三圣像

在宝顶大佛湾南岩东端，有三尊擎天柱般的立像。中为毗卢舍那佛，左右为文殊、普贤二菩萨，三尊像合称华严三圣。华严三圣像雕造手法简练，气势磅礴。他们头顶崖檐，脚踏莲台，皆重额广眉，悲悯豁达，给人以熟悉、亲切之感。

这龛造像是大足石刻寓力学、透视学原理于艺术构思的典型范例：文殊手捧1.85米高的七级宝塔，手臂悬空支出 1.2—2米，塔和手的重量近千斤，却一点都没倒。其秘密在于像撑弓式的袈裟，把重力引向地面，正如木建筑中撑弓、斗拱的原理一般，使文殊手托的宝塔千年不坠。

华严三圣像

大足石刻典型代表

071

这三尊造像高达 7 米,雄伟超然。匠师们刻意将他们的头部加大,胸部缩短,小脚部位加长,而且身躯前倾二十五度,正好符合造像与观者之间的透视关系,使人仰首观望时,感觉菩萨好像正亲切地俯下身来,关注大千世界的芸芸众生一般,叫人凡心皆息,祗敬皈命之诚油然而生。菩萨那种威仪奕奕、悲悯无尽的气度得到了充分显示。华严三圣像背壁刻了八十一尊圆龛小佛,它们既丰富了整龛造像的构图层次,又把三尊主像衬托得高大、完善,使整龛造像的气氛显得庄严、热烈。

(8) 宝顶牧牛图

宝顶大佛湾牧牛图,画面长 27 米,

华严三圣像

大足石刻

牧牛图之袒胸仰睡组雕

高5.5米，全图随着山岩地形的弯曲，巧妙地结合岩壁上的流水，刻出崎岖的山径、静美的林泉。不少人认为，充满农村生活情趣的牧歌式的石刻"牧牛道场"，是最精彩的。它所表现的是牧童驯牛。牛的犟劲和牧童在驯服牛后的悠然自得的神情，都刻画得非常真切生动。在大自然的美景里，刻出十个牧童放十条水牛的十组造像，每组一则颂词，由左至右：

牧牛遇虎组雕，共刻三组造像，出口右面刻一猛虎，头朝下，尾向上，作下山姿势，暴眼圆睁，象征邪恶，好似向牛群扑来。第一组，一牛昂头怒吼狂奔，一牧童在牛后而立，双手用力牵拽，作相持状。牛头右侧刻颂词："突出栏中莫奈何，若

牧牛图之并肩谈笑组雕

无纯绻总由他，力争牵上不回首，者么因循放者多。"第二组，一牧童背上背斗笠，右手举鞭打牛，左手牵牛绳，牛勉强回头。第三组，一牛奔跑下山，一牧童头扎发结，身穿对襟衣，左手扬鞭，右手牵牛，立于牛首之侧。

雨中牧牛组雕：为牧牛图第四组，刻一牧童头戴斗笠，背上捆一鸟笼，爬山遇着狂风暴雨，一牛随之而来，山中狼嚎虎啸，但牛却并未惊慌奔跑。

并肩谈笑组雕：即牧牛图第五、第六组，刻两牧童并肩相依而坐，他们相互耳语，谈笑自若。右旁一牛站立，偏着头竖着耳，仿佛在倾听主人的话语；左旁一牛卧下吃草饮水，牧人和牛的关系已显得轻松、和谐。

握绳缚牛组雕：牧牛图第七组，刻一牧童，面带笑容，头扎两个发髻，目视前方，左手握绳、右手指牛，准备前去缚牛，形象生动。碑上刻："牛鼻牵空鼻无绳，水草由来性自任，涧下岩前无定上，朝昏不免要人寻。"

牧歌高奏组雕：即牧牛图第八、第九组。老牧人在晚霞中怡然忘情地横笛独奏。笛声悠扬动听，连天上飞过的仙鹤也为之却步。旁边年轻的牧人听得如痴如醉，正偏着脑袋为老牧人击拍而歌。牛后有颂词一首："全身不观鼻嘹天，放者无拘坐石巅，任是雪山香细草，由疑不食向人前。"

牧牛图之牧歌高奏组雕

大足石刻典型代表

牧牛图之袒胸仰睡组雕

袒胸仰睡组雕：即牧牛图第十组，刻一牧童在树荫下，袒胸裸腹仰身憩睡，旁一调皮的小猴却从树上爬下摸着牧童的头，唤他醒来。他放牧的牛儿，饱餐山中的野草后，也在一旁卧地休息。

这龛造像取材于现实，采用了山中牧牛的表现形式，顺着山岩的自然弯曲，利用岩间的流水，刻出了牧人挥鞭赶牛、冒雨登山、牵牛徐行、吹笛击拍、攀肩谈笑、畅然酣睡；牛儿翘尾狂奔、侧耳倾听、昂首舔食、跪地饮水、自舔其蹄这些生动逼真的形象，情景交融，风趣盎然，其别致的民间情调，抒情诗一般的艺术节奏，把人们带入了一种充满诗情画意的自然景象之中。

（三）南山石刻

1. 简介

南山古名铧刃山，又名广华山，位于大足县城东南 1.5 千米处，海拔 514 米，崖面长 86 米，是一处保存完好的道教石刻集中地，山顶至今尚存古玉皇观遗址，山中古木参天，蓊郁荫翳，修篁夹道，曲径通幽，向来就有"南山翠屏"之美称，是历代文人墨客纳凉品茗、吟诗作赋的最

大足石刻佛像造像细腻精美，
技艺娴熟巧妙

大足石刻典型代表

佳去处。清大足县令张澍赞曰："夹路松声涌翠涛，丛篁秀色上霜袍，偷闲来问空王法，仰首呼通帝座高。"

此处摩崖造像起源于南宋，明清有增补，共有15窟，现存造像500余尊，题材主要以道教造像为主，作品刻工细腻，造型丰满，表面多施以彩绘，是现存中国道教石刻中造像最为集中、数量最大、反映神系最完整的一处石刻群，也是大足石刻中书卷气最浓的一处石窟。主要有三清古洞、后土圣母龛、龙洞、真武大帝龛等道教题材。

施以彩绘的大足石刻

大足石刻

三清古洞

南山有宋碑 5 通, 题记 7 则, 清碑 15 通, 清、民国楹联各 1 幅。其中 1250 年的何光震饯郡王梦应记碑, 记载了 13 世纪中叶四川东部遭蒙古军攻掠后的社会政治历史的基本情况, 保存了许多珍贵的第一手史料, 具有"以碑证史""以碑补史""以碑断代"的重要价值。

2. 主要景点

（1）三清古洞

第 5 号三清古洞, 共刻像 421 尊, 以道教最高神"三清"为主, 配刻以"四御"及圣母、王母等群神, 生动地反映了 12 世纪道教已由早期的老君、"三官"崇拜

规模宏大的彩绘大足石刻

演变为神系、神阶明确的"三清""四御"信仰的历史事实，是中国宋代道教雕刻最为精美的石窟。

洞窟中央大方柱正壁上层刻道教最高的神"三清"，中间是上清灵宝天尊端坐于三足夹轼之中；左边是玉清元始天尊，双手捧着如意；边为太清太上老君，左手抚膝，右手执扇。"三清"头戴莲花形束发冠，身着尖领道袍，面有三绺胡须，背衬火焰形背光，头顶悬圆形珠帘宝盖，盘膝端坐于束腰矩形莲台上。左右壁上层中部及下层内侧分刻"四御"。左壁上层中部是玉皇大帝。玉皇大帝又称"昊天金阙至尊玉皇大帝"，玉皇大帝像坐高125厘米，面露微笑，头戴冕旒，双手于胸前捧玉圭，端坐于双龙头靠背椅上。左右宫女各执日月宝扇，遮屏玉皇，俨然一副人间帝王的气派。

在窟之左右及后壁台基上方壁上，分六层刻有360尊应感天尊像，均呈立式，其冠服不一，姿态各异。在窟左右壁外侧窟门处，各直列浮雕有六个小圆龛。龛内刻狮、蟹、蜥蜴、马及人物等，这些图像象征的是黄道十二宫。

以"三清"为主的道教神系，今存如此系统造像，且集中多达五百余身，不但早期如四川各地所难见，晚期亦无匹敌，可说是最早的道教系统造像，具有重大的文物价值。就内容而言，是最完备而又系统地反映宋代道教神系的实物资料，有着极高的宗教、历史、艺术价值。

（2）后土三圣母

后土圣母凤冠霞帔，足蹬朝靴，膝间垂吊金圈，端坐于双背四龙头靠椅上，头上悬八角形宝盖，宝盖上匾额刻"注生后土圣母"；主像左右侧各刻有一圣母，均头戴孔雀金钗，端坐于单背二龙头靠椅上，

大足石刻融神秘、自然、典雅三者于一体

大足石刻典型代表

头上亦悬八角形宝盖；三圣母两侧，各立一双手持龙头吊拂尘的女侍者。龛左壁立"九天监生大神"，顶盔着甲护法；二供养人（出资镌造者）何正言、何浩父子并立于旁；龛右壁立"九天送生夫人"，金钗霞帔，飘带飞拂，二女供养人侍立。圣母是道教中掌阴阳生育、万物之美与大地山河之秀的女神，故民间香火尤盛。三圣母面颊丰满，面目慈祥平和，不由得使人顿生亲切之感。

（四）石篆山石刻

1. 简介

石篆山位于大足县城龙岗镇西南 25 千米处的三驱镇佛惠村，海拔 444.6 米。

神态安然的佛像

大足石刻

据佛惠寺《严逊记碑》记载，造像开凿于北宋元丰五年至绍圣三年，崖面长约130米，高约3—8米，通编为10号。石篆山石刻是典型的释、道、儒"三教"合一造像区，在石窟中非常罕见。其中，第6号孔子龛，正壁刻中国大思想家、儒家创始人孔子坐像，两侧壁刻孔子最著名的十大弟子。这在石窟造像中，实属凤毛麟角。第7号为三身佛龛。第8号为老君龛，正中凿中国道教创始人老子坐像，左右各立7尊真人、法师像。据造像记知，以上3龛造像均为大庄园主严逊出资开凿，同为当时著名雕刻匠师文惟简等雕造。从内容及艺术形式看，石篆山石刻道场气息甚浓，民间敬天地鬼神之俗甚多，可称是众神的祭坛。

2. 主要景点

(1) 诃利帝母

诃利帝母称鬼子母、九子母。佛经记载她是王舍城外一位牧牛女，身怀有孕。因城中独觉佛出世，牧牛女被迫歌舞，致使小产，坠死胎儿。牧牛女悲愤发誓，来世要尽食城中人子。她死后与药叉长子半子迦结婚，生了五百个儿子，并且天天照誓言都要进王舍城偷食别人的小孩。释迦牟尼运用法力将她最心疼的小儿子藏了起来，她号哭求还。释迦牟尼教育她将心比心，想想别人失去孩子该多痛苦。于是她改邪归正，发誓愿保护天下的小孩，并愿为幼儿们提供一切帮助。

龛正壁主像诃利帝母，凤冠霞帔，冠带垂肩，面目秀丽，颈戴项链，身着广袖长服，飘带贴肩压臂垂身两侧，善跏趺坐宝宣台上，左手于身前抱一小孩坐左膝上，右手于胸前持一吉祥果，双脚着靴踏双孔方几。主像左右各立一侍女，头盘双髻斜垂于两耳，着对襟长裙服腰间系带束衣。右侍女之右壁，刻一乳母和两个小孩，乳母头绾两髻，两耳垂珰，身着开领广袖长

古朴典雅的造像

服，袒胸露乳，双手正抱一小孩于怀中喂奶，小孩天真活泼，煞是可爱。

(2) 孔子及十哲龛

编为第 6 号，造于宋元祐三年（1088年）。至圣文宣王孔子坐于龛正壁中央，头扎巾，正襟危坐，身着圆领广袖长服。腰束玉带，手持宝扇，脚着云头靴，踏于双孔方几上。孔子两侧各排列五弟子。并排而立，由内至外，左起分别是颜回、闵损、冉有、言偃、端木赐；右起分别是仲由、冉耕、宰我、冉求、卜商。十哲像皆头戴冠，身着圆领广袖长服，腰束玉带，双脚着云头靴。

孔子，名丘，字仲尼。据记载孔子是因其母求家旁的尼丘山之神而生他，或说是孔子生下来头顶如山丘，故名丘。又因孔子排行老二，古代习惯长子称"伯"或"孟"，次子称"仲"；"字"大都采用与"名"有关的文字，因其母祈祷于尼丘山，故取字"仲尼"。孔子青年时好学并设私塾讲学，中年曾仕官，后改志趣为修治诗书礼乐和教育，曾周游列国十四年，晚年专从事教育。史称他有弟子三千，其中精通六艺者达七十二人。本龛的十哲是他最

孔子及十哲龛

大足石刻典型代表

085

得意的十个弟子。

在石窟艺术中，像石篆山第 6 号龛如此以整龛石雕的形式独刻孔子及弟子者，他处罕见，故可谓凤毛麟角。

（3）地藏十殿阎王龛

地藏菩萨，作比丘装，头后发出两道毫光，毫光汇集成祥云，袒胸，胸下贴身着僧祇支，外着广袖袈裟，左腿盘于座上，右腿弯曲下垂，足踏座下前并蒂莲上，左手置于腹前，右手结说法印。其左后立一比丘，身着圆领广袖服，手结至上菩提印；右后立一侍女，头束发髻，手持九环锡杖。

主像两侧前排坐十大冥王，左侧由里

怒目而视的佛像

大足石刻

至外依次是阎罗天子、五官大王、宋帝大王、初江大王、秦广大王，侧立现报司官；右侧由里至外依次是变成大王、泰山大王、平等大王、都市大王、转轮大王，侧立速报司官。十王的后排立男、女侍者，或执戟，或捧文卷，或捧笏。牛头、马面鬼分立两侧。

十大冥王即十大阎王，是佛教传入中国后于唐代渐次形成的中国民俗信仰偶像。十大冥王不但能为死人减地狱刑罚，早得超生，而且活人也可预修生七斋，即还没有死就在阎王处造下了功德，死后不需经十殿阎王，历遍十八层地狱之熬煎就可超生转世。大足石窟中这类题材最早见

神态安详怡然的佛像

大足石刻典型代表

大足石刻的造像美而不妖，丽而不娇

于 10 世纪末，百余年后出现了此龛，但都以十王为主要题材，发展到 13 世纪，宝顶摩岩造像将十王及地狱一并刻出，全面展现十王信仰内容。

（五）石门山石刻

1. 简介

石门山位于大足县城龙岗镇东南 20 千米处的石马镇新胜村，因两巨石夹峙如门故而得名，海拔 374.1 米。造像开凿于北宋绍圣年间至南宋绍兴二十一年，崖面全长 71.8 米，崖高 3.4—5 米，通编为 16 号，其中造像 13 龛窟。题材主要为佛教和道教的人物故事，或仙或释、或诸鬼神，居于一区，皆玲珑万状，鬼斧神工，精妙绝伦。此外，尚存造像记 20 件，碑碣、题刻 8 件，培修记 6 件及文惟一、文居道、蹇忠进等工匠师镌名。

石门山石刻是大足石刻中规模最大的一处佛、道教结合石刻群，其中尤以道教题材诸窟的造像最具艺术特色。作品造型丰满，神态逼真，将神的威严气质与人的生动神态巧妙结合，在中国石刻艺术中独树一帜。如第 2 号玉皇大帝龛外的千里眼像，眼如铜铃，似能目及千里；顺风耳面

造型简单大方的石刻

貌丑怪，张耳作细听状；二像肌肉丰健，版图筋脉显露，手法夸张。第7号独脚五通大帝，左脚独立于一风火轮上，广额深目，口阔唇厚，袍带飞扬，有来去如风之势。第10号三皇洞，现存造像35尊，儒雅清秀，衣纹折叠舒展，手法写实，"人味"多于"神味"。第12号东岳大帝宝忏变相龛刻像98尊，以东岳大帝、淑明皇后居中，反映出10—13世纪（宋代）东岳世家在道教神系中的突出地位。佛教题材主要有药师佛龛、水月观音龛、释迦佛龛、十圣观音窟、孔雀明王经变窟、诃利帝母龛等。其中尤以第6号十圣观音窟最为精美。

2. 主要景点

人物造像栩栩如生，呼之欲出

（1）玉皇大帝龛

此龛作品刻于南宋绍兴十七年（1147年），编为第1号。主像为玉皇大帝，头戴冕旒，身着皇袍，手捧玉圭，气宇轩昂，善跏趺坐于金刚座上，有似人间帝王高高在上。龛下刻千里眼、顺风耳二像，均为1.82米。千里眼、顺风耳是为玉皇大帝察访下界的民间俗神，在石窟造像中极为少见。千里眼，头戴束发箍，面容清瘦，眼如铜铃，张目远视，上身着护胸甲，手持法器。顺风耳，面目丑怪，面部肌肉夸张，两耳上耸，侧耳细听，上身赤裸，斜挂一带，手持一蛇状法器绕其颈。此二像面相怪异，手腕戴镯，手臂赤裸，腰间玉带束护腰，下身着兜巾，身体健壮，肌肉发达，强劲有力，经胳血管凸起，手法极其夸张，给人勇不可挡之势。

玉皇大帝全称是"昊天金阙无上至尊自然妙有弥罗至真玉皇上帝"，亦称"玄穹高上玉皇大帝"。据记载，玉皇是光严妙乐国的王子，舍弃王位，于普明得严山中学道修真，辅国救民，度化群生，历三千二百劫后始证金仙，又经亿劫始证玉帝，传说其总管三界、十方、四生、六道一切祸福，为总执天道最崇高之神，玉皇为道教的"四御"之一，是仅次于三清的天帝。

(2) 东岳夫妇龛

编为第 11 号，又称"东岳大生宝忏变相图"，正壁中央刻东岳夫妇，端坐于双龙头靠背椅上。东岳大帝面净无须，头戴翘角幞头，身着圆领螭图朝服；淑明皇后凤冠霞帔，身着命服，外罩对襟长袍，慈眉善目，其左右各侍立一童子。

围绕主像身后及两侧，龛下部共刻人物形象 89 尊，或男或女，或老或少，或文或武，或凶神恶煞，或表情威严，或和蔼慈祥，或温文尔雅，或头束发髻，或头戴王冠，或头戴幞头，或双手持笏，或笼

大足石刻是一座独具特色的世界文化遗产宝库

大足石刻典型代表

手于袖，形象姿态各异，决不雷同。它以东岳大帝、淑明皇后居中，反映出10—13世纪（宋代）东岳世家在道教神系中的突出地位，这对研究中国民间泰山神信仰的演变发展具有重要作用。

（3）三皇洞

编为第10号，高3.01米，宽3.9米，深7.8米。正壁刻天皇、地皇、人皇三皇主像。三皇头戴皇冠，垂香袋护耳，身着圆领广袖长服，双手于胸前捧玉圭，善跏趺坐于双龙头靠背椅上，表情庄严肃穆。三皇俨然人间帝王，气宇非凡。窟左壁造像，内容丰富，雕刻精美，分为上下两层。

上层刻二十八宿，或男或女，头束莲

大足石刻有着超凡的想象力和独特的艺术手法

大足石刻

饰有彩绘的石刻显得华丽
异常

花高髻，面目清癯，目光炯炯有神，身着相交叠领广袖道袍，双手于胸前或捧如意，或捧朝笏，或持法器，或坐或立于祥云之上；下层刻七尊像，或文或武，表情各异。文者，儒雅清秀，衣纹折叠舒展，手法写实，"人味"多于"神味"。武者，身着铠甲，性情刚烈，完全是人间武将装束和打扮。窟右壁造像因岩壁垮塌，大多残毁，现仅存一尊武将像。

大足石刻中的各种人物造像颇似现实中各类人物的真实写照

关于三皇，古籍中有多种说法。如有以伏羲、神农、燧人或伏羲、神农、祝融为三皇；道教则奉为天、地、人三皇，据《宝颜堂秘籍》载葛洪《枕中书》云："元始君经一劫乃一绝，太元母生天皇十三头，治三万六千岁，书为扶桑大帝东王公，吼

大足石刻典型代表

精雕细琢的石刻

曰元阳父。又生九生玄女，号曰太真西王母，是西汉末人。天后受号，十三头，后生地皇，地皇十一头。地皇生人皇九头，各治三万六千岁。圣真出见受道，天无为。建初混成，天任于令，所传三皇天文，是此所宣。"此窟应为道教三皇。

全窟人物众多，服饰多样，雕凿细腻，布列简繁得当，显出尊贵有序，真犹如见到了人间封建帝王的议事朝堂。

（一）妙高山石刻

四、大足境内其他石刻

历经风雨侵袭，佛像已现斑驳

妙高山石刻位于大足县城西南偏南方向 37.5 千米处的季家镇，始建于南宋绍兴十四年（1144 年），重庆市文物保护单位。山上有庙，名"妙高庙"。妙高山造像系儒、释、道三教造像混存。共编为 8 号，造像 1005 尊。

有石刻造像二处：一是佛洞造像，可分释迦造像、三教窟、阿罗汉窟、十一面观音窟、观音窟五组。其中有三窟，窟为平顶，中刻释迦佛座莲台，座下刻有蟠龙，两侧有阿难、迦叶夹侍，为佛教造像。左壁刻一坐像，宽衣博带，头梳高髻，口有胡须，两侧有侍者二人，系道教造像。右侧刻一坐像，戴冕垂旒，珠光闪烁，手捧圭，其侧有侍者二人，手拿笏，系儒教造像。二为猫耳洞造像，分七组。此处造像因风雨侵蚀，大多剥落，唯一尊观音坐像尚且完好无损。另山上有"忠诚堂诗碑"和"建玉皇阁记"两碑。

（二）尖山子石刻

尖山子石刻，位于大足县宝山乡建角村西尖子山腰一独立巨石上，距大足县城 24 千米。始建于唐永徽元年（650 年），是大足石刻中凿造年代最久远的石刻，也是川东已知最早的石刻。崖面宽 12 米，高 8 米，共编为 9 号，造像 158 尊。岩壁上刻有栩栩如生的释迦说法龛、力士龛、阿弥陀佛龛、观音龛、弥勒说法龛等 100 余尊。虽然规模不大，但在大足石刻造像史上首开记录，为以后的大足石刻造像率先垂范奠定了基础，具有特别重要的地位和作用。

（三）舒成岩石刻

舒成岩，古名云从岩，又名半边庙，位于大足县城北偏西 10 千米处的中敖镇。凿造于南宋绍兴十三年至二十三年间（1143—1153 年）。属于道教造像，共编 5 号，造像 426 尊。

大足石刻是中国石窟艺术中保存最完好的作品之一

大足境内其他石刻

大足石刻对佛像神态
刻画得细致入微

（四）圣水寺石窟

刻于中唐，共编10号，刻有千手观音、四大天王等十尊造像，规模不大，数量也不多，但它在大足石刻造像史上，却有继往开来、承上启下的作用。

（五）千佛岩

千佛岩石刻因有千尊佛像而得名。距石篆山石刻0.75千米，明代造像，位于大足县城之西南25千米处的三驱镇千佛村，编为10号。规模宏伟，气势壮观，是全国明代最大的一处石窟造像。岩面刻有金光佛龛(内有十二金光佛、"忍"字碑、地藏像和不空绢索观音)、西方三圣像、八佛像龛、观无量寿佛经变像。8—10号均为千佛壁。

五、境内其他风光景点

景致优美的龙水湖

（一）龙水湖

龙水湖，位于大足龙水镇东南，玉龙山西北麓，距大足县城 20 千米，湖区面积 8000 多亩，蓄水量 1500 多万立方米，相当于 4 个杭州西湖。环湖游览一周，达36.5 千米，既有太湖的烟波浩渺、西湖的水平如镜，又有桂林的明媚风光，蓬莱的神奇仙境。

湖内岛屿星罗棋布，形态各异，自然小岛 108 个，与梁山泊好汉一百单八将巧合，故有《水浒》英雄聚会之说，给龙水湖蒙上了神秘的色彩。岛上或松蔽天日，或桃李争芳；湖中鹤鸟野鸭嬉戏，舟子穿梭，相映成趣。漫步岛上，静怡脱俗；荡舟湖中，悠然自得，尽享天然野趣，饱尝回归自然之美。岛屿边沿，柳枝下垂，随风摆动，戏弄湖水，犹如仙女弯腰，渔翁垂钓。湖水清澈透明，掬一口湖心水，便能领略清泉神水甘甜的惬意。抬望西山，连天奇峰，列嶂耸翠，投影湖中，如水在山上，山在水中，山水相映，与长天一色，待落霞晚照，鹤鸭比翼，风姿绰约，令人心旷神怡。随着近年开发，花草树木郁郁葱葱，旅游环境日新月异，设施日臻完善。

龙水湖美景

境内其他风光景点

阳光普照的人造沙滩、惊险刺激的人造冲浪、高台滑水、高空速滑、水上摩托等游乐项目让中外游客流连忘返。

在龙水湖畔有著名的龙水湖温泉，井口水温达 62℃，日出水量达 6000 立方米。温泉富含多种有益于身体健康的矿物质，具有独特的养生、保健功能，是重庆西部地区最理想的温泉，深受专家和游客的好评。

（二）玉龙山森林公园

位于重庆大足县境东南边陲，华蓥

玉龙山森林公园

大足石刻

玉龙山国家森林公园

山支脉巴岳山背斜地带，系国家级森林公园。公园总面积 3517.39 公顷。公园属亚热带湿润性季风气候区，常年平均气温 16.8℃，最高海拔 934 米。它与龙水湖紧相依偎，山水相映，山势险峻、山色奇特、竹海苍翠、松柏参天，森林覆盖率达 92%。

玉龙山国家森林公园旅游资源蕴藏丰富，自然景观和人文景观交相辉映，融山岭风光、奇峰异石、湖泊温泉、森林风光、珍稀植物、宗教文化遗址、摩崖石窟、地方特产等为一体，形成了品种多样、功能齐备的观光游览、康体疗养、娱乐休闲、

境内其他风光景点

精美的彩绘大足石刻

科学考察、文化体育、商务会议等系列旅游资源体系。

园中生长着与恐龙同时代的"植物活化石"——桫椤树，珙桐、香樟、古楠、虬松、怪柏、奇石、青杠、梅竹、茶丛点缀其间；狐狸、刺猪、野猪、野兔、山鸡等野生动物活跃其间；云台寺、三清洞，人文气息浓郁，奇特而富有传奇色彩。

园内人文景观众多，有道教景观三清洞、天主教堂，有佛教圣地白云古刹、禅乐寺、皇烟寺、御封寺，带有浓厚的宗教文化色彩，让游客去领略佛教的虔诚，醒悟道家的玄机。有清末余蛮子反洋教起义遗址，剿匪烈士殉难处的真实故事，明朝正德皇帝下江南在御封寺后石壁上手书"天下第一山"，以及改"天台寺"为"皇烟寺"等优美动人的传说，给游人增添了几分情趣。

（三）石马天主教堂

位于距大足县城 15 千米的石马镇。教堂 1899 年动土，建成于清光绪三十年（1904 年），由法籍罗兰神父主持修建，距今已有百余年历史，是渝西地区最大的天主教堂。

龙岗山一景

境内其他风光景点

宝顶一景

石马天主教堂系法国哥特式教堂建筑，砖、木、石结构，占地面积 8887 平方米，建筑面积 4400 平方米，其垂直型框架结构给人以伟岸挺拔、高耸入云之感。教堂内水池、平房、木楼、地下室、来宾楼、楠木园齐备，庭院幽静，古树参天，是以传统北方四合院为主要建筑格局，中西合璧的建筑群落。殿堂正中上方塑有圣母、天神、耶稣等巨型身像；两侧墙壁挂有多幅记述耶稣为拯救人类钉在十字架上

神像人化，人神合一，是大
足石刻的鲜明特点

流血而死的彩色图片；堂顶望板上印有精
美的麦穗、葡萄、玫瑰图案，象征着圣母
在圣人圣女及诸天神中最可赞美。全堂装
饰结构高雅，显得豪华、气派，十分壮观，
步入其中不但能体验到古老的西方文化气
息，更有一种森严、神圣之感。

教堂经历过数次修缮，至今保持完好，
其中尤以钟楼、正经堂、圣母亭最为著名。
教堂钟楼高 36 米，系天主教堂最高的标志
性建筑物；正经堂，层高 18 米，面积 680

大足石刻的很多题材来源于市井生活

平方米，堂内气势恢弘，古朴典雅，系教友朝拜祈祷天主的主要场所；圣母亭是教友在此朝拜圣母，请祈圣母转求天主，赐给世人和睦平安之地。每年4月的复活节、5月的降临节、8月的圣母升天节、11月的追思节和12月25日的圣诞节都会有中外客人来参加活动和观光。

大足石刻

六、大足境内风俗特色

（一）民风民俗

1. 宝顶香会

每年农历二月十九为观音菩萨诞生日，为香会正期，前后总共举办三天，县内外到宝顶烧子时香，旅游观光者甚多。

宝顶香会历史最久、声势最大，闻名遐迩。香客有散客，有团体（架香）。团体朝山结成架香团队，少者数十人，多者数百人，各身佩黄袋，腰围小黄裙，手持黄旗，流星开路，龙灯狮子前导，随后旗锣伞帐，九品香烛，圣驾天子，十八学士，十八罗汉，二十八宿，沿途吹打喧腾。每

宝顶香会上人们敲锣打鼓，舞龙舞狮

大足石刻

到一处寺院或城镇，引香师即领唱佛偈。进入宝顶大佛湾，亦由引香师领队，唱佛歌（佛偈子），随众手捧香，交午后，到圣寿寺狮子坝耍彩龙，游城，再到各殿最后，到山顶维摩朝（表示上"三十三天"）。每日架香团队少时十多个，多时百多个，常常排轮次等候至深夜。香客献彩送匾，许愿还愿，挂功果等个人活动亦非常拥挤。十九日夜半烧子时香，煤钱化纸无数，爆竹声震天。香会期间香山场四周摊棚林立，热闹至极，香客、商贩、乞丐各色人等云集，各州府县也有来此做生意的，买卖兴隆。

宝顶香会上香客、商贩云集，热闹非凡

大足境内风俗特色

龙水县每年都要举行龙
舟赛

演戏耍把戏，比武打擂，竞赛狮舞彩灯，
应有尽有。

宝顶香会为礼佛活动，也具有春游、
夏游、秋游或娱乐、商贸性质，对大足经
济文化民俗有相当大的影响。史彰《重开
宝顶山碑记》云："闻前人言，山寺兴废，
关系邑之盛衰，寺圣则民皆安堵，寺废则
民尽逃散，如欲招集逃亡，宜先开宝顶。"
现在宝顶香会期间的宝顶山石刻区，除了
善男信女烧香拜佛以外，更成了世界各国
人民旅游观光、进行文化交流、领略和欣
赏世界文化遗产的胜地。

2. 龙舟赛

大足石刻

大足县民间一年一度的龙舟赛，都在龙水湖举行。每年参赛者都有来自四川、重庆的数十支队伍，规模宏大，气势壮观。岸上观看龙舟赛者，更是人山人海，热闹非凡，呐喊助威声，响彻云天。

3. 桃花会

大足民间三月的桃花会，在化龙乡举行。每年来观赏桃花的中外游客，络绎不绝，时间达一个月之久。

（二）大足美食

1. 宝顶冬尖

创始于清光绪六年（1880年）的"裕盛通"，迄今已有一百多年历史，其家传特产冬尖菜，早已驰名全国。民国年间，"裕盛通"的冬尖菜曾远销武汉、广州、上海等地，并在上海设铺经销，很有名气。据传民国时期，"裕盛通"雇人把装坛密封的冬尖菜从水路运往上海，船在靠岸时，无意中打破一坛冬尖菜，顿时一股浓郁的清香飘满全船，并随着江风飘向两岸，因而享有"十里香"的美称。

宝顶冬尖加工考究。严格遵循独特的传统工艺制作，选菜嫩壮，划菜做到"三刀四瓣"，旷野搭架晾菜，剪选嫩尖，并

宝顶冬尖

大足境内风俗特色

盐细揉，腌制不加香料，装坛密封，贮存两年以上，贮藏时间越久，质量越好。宝顶冬尖外观油浸发亮，呈油绿色，具有嫩、脆、鲜和清香浓郁、香味经久不散的特点，营养丰富，能增进食欲，具有开胃功能。用于炒肉、炖肉、烧汤、做面食点心等烹饪调味，鲜嫩可口，被称为"菜味精"。它既是家中常用的好菜，又是宾客宴席上的美味佳肴。

2. 笛女牌大曲酒

笛女大曲以大足宝顶山石刻"吹笛女"而命名。笛女大曲虽然距离五粮液的产地宜宾几百里，但在重庆市场上，在常饮中国名酒的外宾中，经常听到人们称赞笛女大曲的浓香扑鼻、回味悠长、香味无穷等方面与五粮液相近，称笛女大曲是重庆五粮液。

笛女大曲选用宝顶山涧清泉为酿造用水，以优质高粱为原料，用上等小麦自然培菌法制曲，采用泸州传统的浓香型曲酒生产工艺和人工培窖、新窖老熟、稳准配料、精心操作、匀适低温、多轮发酵、陶坛陈酿、精细勾兑等新的独特酿造程序精制而成。

笛女牌大曲酒

大足石刻

　　1988 年，台湾著名作家琼瑶到大足参观石刻，品尝笛女大曲后，欣然命笔："其味也甘，其名也美，闻之欲醉，尝之欲仙。"现笛女大曲产量逐年增加，质量稳步提高，在全国多数省市享有声誉，因价廉物美成为各地抢手货。

　　3.三驱田凉粉

　　大足县三驱镇河街居委田正华、唐吉英夫妇因卖豌豆凉粉而闻名于市内外，故得名田凉粉。田凉粉产于三驱镇，历史悠久，现有 100 余年的历史，可称之为田家几代人共同创造的绝活。田凉粉每年以一万公斤以上豌豆作原料，制作凉粉四千

三驱李甜粑

盆，八万碗左右，广州、泸州、成都、重庆、永川、大足等市内外客人颇为喜爱。

田凉粉以豌豆作原料，用其祖传秘方调制、搅拌而成，切成细丝，柔而不断，配上香油、椒油、芝麻、蒜泥、荷香、醋、酱油等十多种佐料，吃起来可口味香，回味无穷，能解酒、解闷，能打开你厌食的胃口，能使你疲惫的身体立即恢复体力，有延年益寿之功效，食之赞不绝口。

4. 三驱李甜粑

甜粑产于大足县三驱镇，距今已有80余年的历史，特别是三驱镇河街居委李顺儒、何琼夫妇制作的甜粑，远近闻名，

故得名——李甜粑。李甜粑年耗原料糯米
7500 公斤左右，能制作甜粑 12 万个左右。

　　李甜粑以糯米为主要原料，配上大米、
香料、芝麻、核桃、白糖、活粉碎子、菜
油等多种作料，加之祖传秘方，制成甜粑，
食之，香、甜、糯、嫩，回味无穷，能敲
开你厌食之胃口，有提神，让人精神舒畅、
愉快之功效！

　　5. 邮亭鲫鱼

　　堪称巴渝一绝的邮亭鲫鱼，风味独特，
采用科学的烹调方法，在传统配方的基础
上加以创新，将麻、辣、鲜、香融为一体，
具有辣而不燥、麻辣并重、鲜嫩可口、回

味悠久的特点，被中国商业联合会、重庆市人民政府命名为"地方风味名菜"。

在邮亭鲫鱼的发源地大足县邮亭镇，邮亭鲫鱼更是得到迅猛发展，在大邮公路沿线的邮亭水泥厂到公铁大桥之间，形成了邮亭鲫鱼一条街，经营户超过了20户，从业人员近100人，不少外地食客慕名而来，专程来品尝正宗的邮亭鲫鱼。到大足来旅游的人，在宝顶、北山石刻一饱眼福之后，可到邮亭鲫鱼一条街大饱口福，该街上较著名的招牌有"刘三姐鲫鱼""杨门正宗鲫鱼""邮亭陈鲫鱼"等。

邮亭鲫鱼制作程序简便，配料考究，

邮亭市容

大足石刻

118

多达10余种。具有与重庆火锅相同的食法，但独具新意，弃之鲜油碟、干油碟，改放碎米花生、碎米榨菜、葱花等小调料。

大足竹编

（三）民间工艺

1. 历史悠久的竹编业

大足竹编，历史悠久，花色品种繁多，纺织工艺精湛。大足素有"竹编之乡"的美称，竹源丰富。当地竹编主要特点是篾薄、条细、柔软可折叠，产品种类丰富，图案精美。包括各种生活用具，还有特色小工艺品。早在明崇祯十六年（1643年），大足申报《路孔河水灾》文中有"栖篾簟千家，无举火之厨"一语。簟即竹席，可见当时大足竹席已广为民用。

大足县常见的竹编制品，除大宗的青席、黄席外，还有晒席、斗席、围席、枕席、竹篮、竹囤、竹桌、竹椅、竹床、竹几、竹篓、竹包、竹扣、竹篦、竹帘、竹扒、竹笼、竹篆、竹罩、箩篼、提篼、背篼、鸳篼、笤箕、撮箕、簸箕、笔筒、蒸笼、锅盖、虾扒、亮罩、巴笼、刷把等，每一品种还分多种规格和花色。近年来，大足旅游业的发展，促进了竹编产品的不断创新，花色新颖，图案清晰，美观大方的多

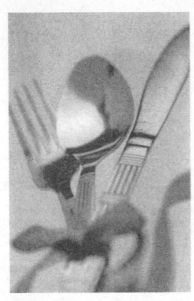

龙水小五金

种图式花席、枕套、帐帘、门帘、蚊帐、画屏、提包和公文包等，篾薄、条细、柔软可折叠，携带轻便，颇受用户欢迎。

2．龙水小五金

伴随着大足石刻的开凿而诞生的龙水小五金，已有上千年的历史。现在，龙水小五金有产品12门类，200多个品种，2000多个规格型号，产品畅销全国及东南亚和欧美市场。较为著名的有卓字牌怀剪、飞天牌民用剪、万能指甲刀、金忠小刀等，以其小巧玲珑、精致美观，设计巧，钢火好，坚韧锋利、牢固结实著称。如今龙水镇已建成我国西南地区规模最大、最集中的五金专业市场，是名扬全国的五金之乡。

龙水小五金具有价廉物美、实用多能、经久耐用、钢火独到等特点，符合中国广大群众的消费观念。许多产品尤其适应广大农村及少数民族的使用习惯；怀剪及不锈钢炊餐用具等产品，也深受旅游者及城镇居民的喜爱，社会适应面比较广。随着社会的进步，人们生活需求的提高和对外贸易的扩大，龙水小五金在产量、品种、档次等方面都具有广阔的发展前景。